세바시 인생질문

나는 왜, 나를 사랑하는가

세바시 인생질문
나는 왜, 나를 사랑하는가

펴낸날 2024년 12월 20일 초판1쇄
펴낸이 구범준
지은이 세바시 인생질문 출판 프로젝트팀(김민주, 김지은, 김수현, 이인, 김수영)
원고 정지우
편집 임라원
표지 일러스트레이션 기마늘
표지&북디자인 Hye.
펴낸곳 (주)세상을바꾸는시간15분
     출판등록_2019년 3월 19일 제 2019-000015호
     서울시 양천구 목동서로 159-1 CBS 7층
T 02-2651-2102 / E sebasi@sebasi.co.kr
H.P. www.sebasiland.com
ISBN 979-11-990178-0-1

ⓒ(주)세상을바꾸는시간15분. All Rights Reserved
이 책에 수록된 글의 저작권은 (주)세상을바꾸는시간15분에 있습니다.
이 책의 내용의 전부 또는 일부를 재사용하려면 저작권자의 동의를 받아야 합니다.

세바시 인생질문

나는 왜, 나를 사랑하는가

세상을 바꾸는 시간 15

| 차례 |

프롤로그 | 구범준 세바시 대표 PD   9
세바시 인생질문 사용법   13

Chapter 1.
당신은 꽤, 괜찮은 사람입니다.

1. 당신은 어떤 기질과 성향을 가지고 있는 사람인가요?   19
   ENERGY 그리고 INERGY | 박재민

2. 당신이 기억하는 가장 행복하거나 기뻤던 일은 무엇인가요?   25
   90년 살고 알게 된 불행과 행복을 가르는 삶의 비밀 | 이근후

3. 당신의 심신이 가장 힘들었던 때는 언제인가요?   31
   암 덕분에 특별한 사람이 됐습니다 | 홍가영

4. 당신에게 가장 큰 위로가 되었던 일이나 말은 무엇이었나요?   37
   당신이 옳다 | 정혜신

5. 지금까지 한 선택 중에 가장 잘한 선택은 무엇이었나요?   43
   당연한 불안과 싸우기보다, 최선의 선택을 해야 합니다 | 장혁

6. 당신의 일을 통해 느꼈던 보람이나 뿌듯함의 경험은 무엇인가요?   51
   일은 나를 담는 그릇이다 | 장강명

7. 당신에게 교훈을 주거나 깨달음을 준 실수는 무엇이었나요?   57
   뼈를 깎는 노력이 반드시 실패하는 이유 | 이지영

8. 당신은 누군가의 좋은 친구라고 생각하나요?
   그렇다면, 그 이유는 무엇인가요?   63
   친구의 기준을 낮춰야 하는 이유 | 남인숙

9. 타인을 사랑하면서 경험한 가장 큰 기쁨은 무엇인가요?   69
   한석규, 김서형 주연의 감동 드라마, 그 실제 주인공의 감동적인 이야기 | 강창래

10. '자기소개'가 아닌 '존재소개'를 한다면 어떤 이야기를
    하고 싶나요?   75
    무기력과 허무, 그 틈에서 찾는 삶의 의미 | 김학철

Chapter 2.
오직, 이 세상에 하나뿐인 당신

11. 당신이 생각하는 '나다움'을 정의한다면, 어떤 모습이나 가치가
    떠오르나요?   83
    우리 모두 마음껏 매력적입시다 | 안희연(하니)

12. 상상 속에서 당신의 자화상을 그려본다면, 그 자화상에는
    어떤 모습과 감정이 담길까요?   89
    독전 진서연이 오늘날의 자존감을 만든 '엄마적 사고' | 진서연

13. 당신이 자부심을 느꼈던 가장 큰 성취는 무엇인가요?   95
    도무지 앞이 보이지 않을 때 헤쳐나가는 방법 | 김동현

14. 당신이 스스로를 가치 있게 느낀 순간은 언제였나요?   101
    직장도 직업도 없어질 때, 꼭 남겨야 하는 것 | 송길영

15. 당신이 스스로에게 칭찬해준다면 어떤 말을 해주고 싶나요?   107
    나이들수록 행복하려면 꼭 만들어야 될 '베스트셀프' | 박정효

16. 당신이 개선하고 싶은 당신만의 문제점은 무엇인가요?   113
    불안 장애를 겪었던 정신과 교수가 말하는 감정읽기 비법, 나의 약점을 고백하세요 | 나종호

17. 과거보다 나아진 당신의 모습에는 어떤 것들이 있나요?   119
    내 인생 '다시 쓰기' | 이지선

18. 실패의 순간마다, 당신을 다시 일어서게 만드는 가장 큰 힘이나
    가치는 무엇인가요?   125
    성공과 실패 대신 '변화'하는 삶으로 | 손원평

19. 당신이 꾸준하게 성장하기 위해 실천하고 있는 습관은
    무엇인가요?   131
    스스로를 키울 수 있는 사람은 나밖에 없습니다 | 전영애

20. 현재 당신의 삶에서 가장 감사하게 여기는 것은 무엇인가요?　　137
　　짝퉁 긍정에 속지 마세요 | 채정호

Chapter 3.
그럼요, 당신은 할 수 있습니다.

---

21. 당신이 가장 하고 싶은 일은 무엇인가요?　　145
　　나의 재능을 발견하는 세 가지 질문 | 신애라

22. 만약 신이 당신에게 특별한 능력이나 재능을 허락한다면,
　　당신은 무엇을 택하겠나요? 그리고 그 이유는 무엇인가요?　　153
　　내가 재능이 없다고 느껴질 때, 모든 걸 이겨낼 수 있는 '이것' | 제이블랙

23. 당신이 지금 가장 만나고 싶은 롤모델은 누구인가요?　　161
　　4차 산업혁명의 시대, 자기를 혁신하는 방법 | 조용민

24. 가까운 미래에 다른 사람들이 당신을 소개하거나 표현할 때,
　　어떤 말을 듣고 싶나요?　　167
　　뭘 해도 행복한 사람과 불만인 사람의 말버릇 | 박재연

25. 올해 안에 꼭 이루고 싶은 목표가 있다면 무엇인가요?　　173
　　'언젠가'라는 말은 없습니다 지금 당장 실행 하십시오 | 오현호

26. 당신만의 인생 여행을 떠난다면, 어디로 가고 싶나요?　　179
　　산티아고 순례길 1,450km를 혼자 걷게 되면 깨닫게 되는 것 | 심혜진

27. 당신의 인생 후반에는 어떤 일을 하고 싶은가요?   187
이것을 찾는 게 진짜 노후 대비입니다 | 김민식

28. 당신의 유언장에 어떤 말을 남기고 싶나요?   193
나는 매주 시체를 보러간다 | 유성호

29. 당신이 정의하는 행복은 무엇인가요?   201
행복하게 나이드는 마법의 네 가지 기둥 | 정희원

30. 당신이 「세상을 바꾸는 시간 15분(세바시)」의 강연자가 된다면, 세상에 전하고 싶은 메시지는 무엇인가요?   207
수많은 죽음을 목격하면서 깨닫게 된 행복의 비밀 | 안효정

Chapter 4.
당신은 사랑할 수밖에 없는 사람입니다.

최종 질문 - 당신은 왜, 당신 자신을 사랑하고 있나요?   215
나를 사랑하는 힘을 갖는 방법 | 곽정은

프롤로그

왜, 이야기 그리고 사랑인가?

이야기를 담은 것은 대체되지 않습니다. 심지어 물건조차 그렇습니다. 저에게는 버리지 못하는 낡은 물건들이 있습니다. 첫 PD 리포트를 녹음한 테이프, 아들의 탯줄, 이제 들을 수조차 없는 LP판 등이 그렇죠. 모두 쓸모를 다했지만 버리지 못하는 이유는 단 하나, 그 안에 이야기가 담겨 있기 때문입니다.

인공지능의 시대입니다. AI 기술이 일과 삶의 인프라를 바꾸고 있습니다. 이 거대한 변화 속에서 사람들은 대체되거나 도태되지 않을까 두려워합니다. 그렇다면 우리는 어떻게 해야 대체되지 않을까요? 새로운 지식을 더 배워야 할까요? 최신 기술을 익히면 될까요? 아닙니다. 답은 이야기입니다.

이야기를 품은 사람은 대체되지 않습니다. 세상의 변화가 두렵다면 '나만의 이야기'를 만들면 됩니다. 그렇다면 이야기는 무엇일까요? 이야기란 단순한 경험담이 아닙니다. 이야기는 반드시 사건과 사유, 그리고 의미를 담아야 합니다. 내가 겪은 일과 내가 가진 생각이 가치 있는 서사로 전달될 때, 비로소 이야기는 완성됩니다.

그렇다면 이야기를 만드는 방법은 무엇일까요? 방법은 간단합니다. 스스로에게 질문하는 것입니다. 그리고 그 질문에 삶으로 답하는 것이죠. 이야기를 만드는 데에는 크게 네 가지의 질문이 필요합니다.

하나. 나는 왜 이 일을 하는가?

첫 번째 질문은 '나는 왜 이 일을 하는가?'입니다. 이 질문은 멋진 이야기를 만드는 생각의 디딤돌이 됩니다. 일을 시작할 때는 스스로 그 일을 왜 해야 하는지 물어야 합니다. 명확한 이유를 알아야, 그에 따른 긍정적 결과를 도출할 수 있기 때문입니다.

둘. 나는 다르게 생각하는가?

두 번째 질문은 '나는 다르게 생각하는가?'입니다. 삶의 섭리는 늘 가까이에 있습니다. 익숙함 뒤에 숨어 보이지 않을 뿐입니다. 당연하다는 생각은 새로운 가치와 의미를 가리는 장막입니다. 오직 익숙한 것에서 낯선 것을 보려는 노력으로만 그 장막을 들추고 숨겨진 진리를 발견할 수 있습니다. 그래야 나의 이야기에 의미를 담을 수 있습니다.

셋. 나는 새로운 것을 경험하는가?

세 번째 질문은 '나는 새로운 것을 경험하는가?'입니다. 인간은 필연적으로 늙습니다. 우리가 쌓은 경험과 지식도 낡아갑니다. 낡은 것은 오직 낯선 것으로만 새로워질 수 있습니다. 낯선 도전과 모험이야말로 뻔하고 지루한 이야기를 흥미롭게 만드는 최고의 방법입니다.

넷. 나는 나를 사랑하는가?

네 번째 질문은 '나는 나를 사랑하는가?'입니다. 이 질문은 이야기를 완성하는 궁극적인 질문입니다. 사랑은 곧 믿음입니다. 인생이라는 여정은 험난합니다. 그리고 그 여정에서 우리는 쓰러지기도 하고 좌절도 합니다. 그 순간 나를 다시 일으킬 수 있는 건 바로 나 자신입니다. 내가 나를 온전히 사랑하고 믿을 때, 다시 일어나 나만의 이야기 만들기를 이어갈 수 있습니다.

나를 사랑하기 위한 여정

『세바시 인생질문 : 나는 왜, 나를 사랑하는가』가 던지는 마지막 질문이 바로 '나는 왜, 나를 사랑하는가?'입니다. 질문을 보고 어떤 생각이 드시나요? 누군가는 이미 자신만의 답을 냈을 수 있고, 누군가는 막막한 심정일 수 있습니다. 어쩌면 내가 나를 사랑하는지조차 모를 수도 있겠습니다. 하지만 괜찮습니다. 이 책이 당신을 도울 것입니다.

『세바시 인생질문 : 나는 왜, 나를 사랑하는가』는 모두 31개의 질문으로 구성되어 있습니다. 30개의 질문은 마지막 질문인 31번째 질문에 도달하기 위한 여정입니다. 30개의 질문은 당신의 내면 깊은 곳까지 탐색할 것입니다. 그리고 그 탐색의 끝에서, 당신은 당신을 '왜' 사랑하는지 답할 수 있을 것입니다.

이 책을 통해, 당신은 삶 속에서 무심히 지나쳤을지도 모를 '나 자신'의 의미와 가치를 발견하게 될 것입니다. 자신을 사랑하는 이유가 명확해질 때, 우리의 중심은 흔들리지 않습니다. 나를 사랑하는 마음은 어떤 어려움 속에서도 나를 지키는 가장 강력한 힘이 되어 줍니다. 이 책과 함께, '당신'이라는 뿌리 깊은 나무가 '나만의 이야기'라는 크고 단단한 열매를 맺길 바랍니다.

나를 사랑하기 위한 여정, 이제 그 첫발을 떼보시기를 바랍니다.

구범준
세바시 대표 PD

세바시 인생질문 사용법

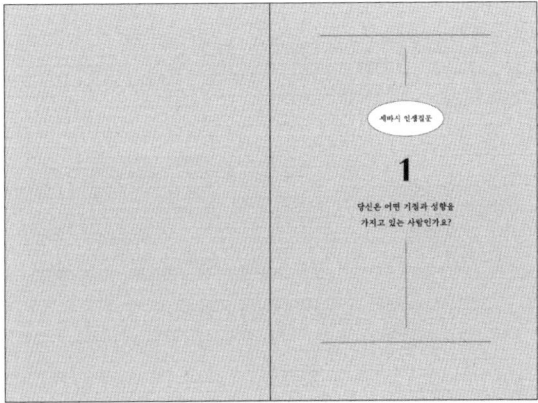

❶ 첫번째 질문부터 '나를 사랑하는 나'를 발견하는 여정이 시작됩니다.

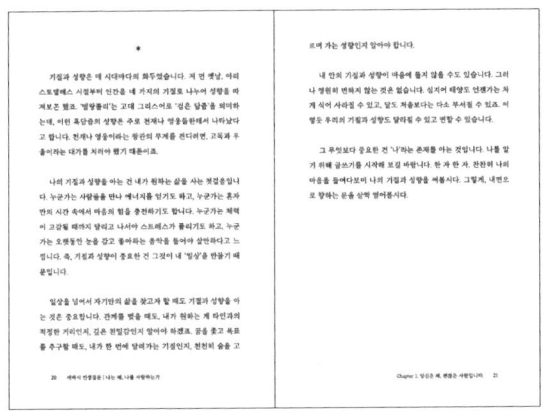

❷ 생각의 문을 열어줄 글입니다. 워밍업을 하듯 천천히 글을 읽으며 자신의 내면과 대화를 시작해 보세요.

> Q 당신이 정의하는 행복은 무엇인가요?
>
> - 화이트 크리스마스
> - 행복은 내 곁에 있다
> - 해피엔딩

❸ 질문에 떠오르는 답을 문장으로 구성하기에 앞서 먼저 생각나는 다양한 단어, 짧은 표현들을 나열해 보세요. 한꺼번에 모든 칸을 채우기보다 생각이 날 때 추가하는 방식으로 활용하면 유용합니다.

> | 더 깊은 질문 | ◆ 당신은 그 행복을 얻기 위해 어떤 노력을 하고 있나요?
>
> 행복을 얻기 위해서 나는 내가 가진 것들에 감사하고 더 많은 것을 바라고 욕심내기보다는 현재 내 상황을 긍정적으로 생각하고 나를 사랑하려고 노력한다.

❹ '더 깊은 질문'을 통해 디테일하게 '나 자신'의 이야기를 꺼내면서 상황에 대한 설명, 배경에 대한 설명을 더해 보세요. 문장의 형식을 갖추거나 완성하려는 노력보다는 자신의 이야기 그 자체에 집중하는 것이 더 중요합니다.

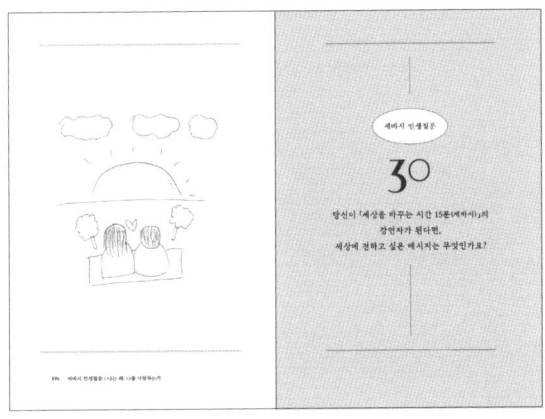

❺ 그림이나 다양한 방식으로 질문에 답할 수 있는 여백이 준비되어 있습니다.

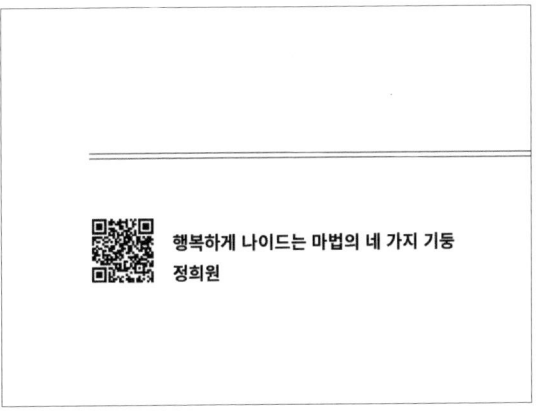

❻ 해당 주제와 관련하여 깊이 있는 영감을 줄 세바시 강연 라이브러리를 참고해 보세요. 스마트폰의 QR코드 스캐너 앱을 활용하면 유튜브에 올라와 있는 영상을 바로 시청할 수 있습니다.

Chapter 1.

당신은 꽤,
괜찮은
사람입니다.

세바시 인생질문

1

당신은 어떤 기질과 성향을
가지고 있는 사람인가요?

*

 기질과 성향은 매 시대마다의 화두였습니다. 저 먼 옛날, 아리스토텔레스 시절부터 인간을 네 가지의 기질로 나누어 성향을 따져보곤 했죠. '멜랑콜리'는 고대 그리스어로 '검은 담즙'을 의미하는데, 이런 흑담즙의 성향은 주로 천재나 영웅들한테서 나타났다고 합니다. 천재나 영웅이라는 왕관의 무게를 견디려면, 고독과 우울이라는 대가를 치러야 했기 때문이죠.

 나의 기질과 성향을 아는 건 내가 원하는 삶을 사는 첫걸음입니다. 누군가는 사람들을 만나 에너지를 얻기도 하고, 누군가는 혼자만의 시간 속에서 마음의 힘을 충전하기도 합니다. 누군가는 체력이 고갈될 때까지 달리고 나서야 스트레스가 풀리기도 하고, 누군가는 오랫동안 눈을 감고 좋아하는 음악을 들어야 살만하다고 느낍니다. 즉, 기질과 성향이 중요한 건 그것이 내 '일상'을 만들기 때문입니다.

 일상을 넘어서 자기만의 삶을 찾고자 할 때도 기질과 성향을 아는 것은 중요합니다. 관계를 맺을 때도, 내가 원하는 게 타인과의 적정한 거리인지, 깊은 친밀감인지 알아야 하겠죠. 꿈을 좇고 목표를 추구할 때도, 내가 한 번에 달려가는 기질인지, 천천히 숨을 고르며 가는 성향인지 알아야 합니다.

　내 안의 기질과 성향이 마음에 들지 않을 수도 있습니다. 그러나 영원히 변하지 않는 것은 없습니다. 심지어 태양도 언젠가는 차게 식어 사라질 수 있고, 달도 처음보다는 다소 부서질 수 있죠. 이렇듯 우리의 기질과 성향도 달라질 수 있고 변할 수 있습니다.

　그 무엇보다 중요한 건 '나'라는 존재를 아는 것입니다. 나를 알기 위해 글쓰기를 시작해 보길 바랍니다. 한 자 한 자, 찬찬히 나의 마음을 들여다보며 나의 기질과 성향을 써봅시다. 그렇게, 내면으로 향하는 문을 살짝 열어봅시다.

Q 당신은 어떤 기질과 성향을 가지고 있는 사람인가요?

| 더 깊은 질문 |　◆ 당신이 가진 기질과 성향 중 제일 마음에 드는 점은 무엇이고, 그 이유는 무엇인가요?

ENERGY 그리고 INERGY
박재민

세바시 인생질문

2

당신이 기억하는 가장 행복하거나
기뻤던 일은 무엇인가요?

*

　종종 '나'란 존재에 대해 생각해 보곤 합니다. 그러나 때론, 그 무엇보다도 그저 '나의 기억'이 나라는 존재는 아닐까 하는 생각을 하곤 합니다. 내 안의 가장 값진 기억들을 간직하고 있기에, 나는 나인 것이죠. 그 기억들을 모두 잃는다면, 나도 이 세상에서 사라지는 것일지도 모릅니다.

　우리가 나 자신으로 존재한다는 것은 내 안에 나의 기억들이 있기 때문입니다. 어릴 적, 어머니의 손을 잡고 마트를 갔다가 돌아오던 길에 먹은 떡볶이의 맛을 기억하는 한, 나는 나입니다. 처음 사랑을 알게 되고 설렘에 밤을 지새우던 날의 달빛을 기억한다면, 나는 나입니다. 어느 봄날 나에게 달려오던 아이의 깔깔거리는 웃음소리를 간직하고 있다면, 나는 나입니다.

　우리는 기억의 집합체이며 기억 속에서 살아갑니다. 삶에서 크고 작은 선택을 할 때, 내 안의 기억들이 내게 은밀하게 속삭입니다. 나도 모르게 어떤 것을 회피하거나 두려워할 때, 내 안의 오랜 상처가 숨어있을지도 모릅니다. 내가 그 무언가에 홀려 다가갈 때, 어릴 적 나를 자극했던 즐거움이 감춰져 있을지도 모릅니다.

내가 나를 알고자 한다면, 내 안의 기쁨과 행복, 또 나아가 슬픔의 기억들을 들춰봐야 합니다. 그것은 나 자신이기도 하면서, 끊임없이 오늘을 만들고 내일로 향하는 나를 이끌고 있기 때문입니다. 만약 이 글을 읽으며 떠오른 기억이 있다면, 바로 그 기억을 한번 써보길 바랍니다. 거기엔 분명 무언가 담겨 있을 겁니다.

떠오르는 기억들은 우연처럼 보이지만, 모든 기억의 떠오름에는 그럴 만한 이유가 있을 겁니다. 기억이 나에게 속삭이는 게 무엇인지 찬찬히 귀 기울여보길 바랍니다. 잠시, 그 기억을 받아 적는 필경사가 되어보기로 합시다.

Q 당신이 기억하는 가장 행복하거나 기뻤던 일은 무엇인가요?

| 더 깊은 질문 | ◆ 가장 슬펐던 기억, 그리고 그 기억들이 당신에게 끼친 영향은 무엇인가요?

90년 살고 알게 된 불행과 행복을 가르는 삶의 비밀
이근후

세바시 인생질문

3

당신의 심신이 가장 힘들었던 때는
언제인가요?

*

북토크에서 독자분들께 사인해 드릴 때 자주 적는 문구가 있습니다. "지금의 삶이 어렵다면 그만큼 가치 있는 시절을 보내고 있다는 증거일지도 모릅니다." 삶에서는 참으로 힘겹고 어려운 시절이 있기 마련입니다. 그런 시절을 피할 수 있으면 좋겠지만, 우리의 현실은 그렇지 않죠.

인간의 삶은 어려운 시절을 어떻게 이겨내느냐에 따라 그 지도가 그려질지도 모릅니다. 어떤 고통을 직시하느냐, 극복하느냐, 그리고 때론 어떻게 도망치고 피하는지에 따라 우리의 삶은 달라집니다. 동시에 그런 기록이 곧 나의 삶이 되기도 합니다. 나라는 존재는 힘겨운 일에 대처하는 방식 그 자체이기도 한 것입니다.

지난 시절을 돌아보며 유독 힘들었던 시절의 나를 가만히 들여다보길 바랍니다. 누군가는 연인이나 가족과의 이별 가운데, 어떻게든 그것을 이겨내고자 한참을 달렸을지도 모릅니다. 누군가는 입시나 취업 낙방에서 오는 좌절감으로, 한참이나 방 안에서 웅크리고 있었을지도 모르죠. 누군가는 돈이나 집안 문제로 스트레스를 받다가, 다시금 현실을 직시하고 일터로 나갔을 수도 있습니다.

어떻게 대처했든, 그 시절의 이야기는 나에게 많은 것을 가르쳐 줍니다. 우리의 삶은 끝나지 않았고, 크고 작은 고통이 다가올 수도 있습니다. 코로나 시대를 예견할 수 없던 것처럼 우리 삶에 다가올 문제도 예견하기는 어렵습니다. 그러나 어떤 일이 찾아오든 과거의 자신을 잘 들여다본다면 우리는 앞으로 그 어떤 위기가 와도 자신만의 해결책을 마련할 수 있을 것입니다.

어려운 시절을 회상할 때마다 느끼는 게 있습니다. 내가 그런 시절을 이겨낸 존재라는 사실에 자신감을 얻기도 하고, 한편으론 잘 지나와서 다행이라고 생각하며 감사함을 느끼기도 합니다. 쓰기 힘든 이야기일지라도, 담담히 한 시절의 나를 어루만져 보길 바랍니다. 과거의 나는, 그 누구보다도 현재의 내가 다가와 주길 기다리고 있을지도 모릅니다.

Q 당신의 심신이 가장 힘들었던 때는 언제인가요?

| 더 깊은 질문 | ◆당신은 그 시기를 어떻게 극복할 수 있었나요?

암 덕분에 특별한 사람이 됐습니다
홍가영

세바시 인생질문

4

당신에게 가장 큰 위로가 되었던
일이나 말은 무엇인가요?

*

　요즘 세상은 좋은 말의 향연이라고 해도 과언이 아닙니다. SNS는 온갖 유명인들의 어록으로 가득하고, 서점과 미디어는 평생을 봐도 다 볼 수 없을 만큼의 좋은 책들과 영상으로 가득합니다. 심지어 화장실이나 지하철에도 좋은 말들이 잔뜩 붙어 있으니, 그야말로 이 시대는 '좋은 말' 홍수의 시대가 아닐까 싶습니다.

　그러나 그토록 좋은 말들이 넘쳐나지만, 내 삶에 진정으로 와닿아 오랫동안 새겨지는 말은 드뭅니다. 지난 1년을 돌이켜보면, 아무리 많은 말들을 접했어도 막상 기억에 남는 말은 별로 없습니다. 그만큼 진실로 다가오는 말이 드물기 때문이겠죠.

　바깥세상에서 좋은 말들을 찾기보다는 내면을 한번 들여다보면 어떨까 합니다. 내 안 깊은 곳에는 삶에 영향을 준 어떤 말들이 있기 마련입니다. 그것은 어릴 적 친구가 건네준 위로의 말일 수도 있고, 만화에서 본 주인공의 대사일 수도 있습니다. 가족이 들려준 말일 수도 있고, 책에서 읽은 말일 수도 있고요.

　구체적인 말을 떠올리기 어렵다면, 힘들었을 적 내게 위로가 되어준 순간들을 떠올려봐도 좋습니다. 그 순간은, 세상의 말들이 모두 사라진 고요한 순간일 수도 있고, 먼 곳으로 홀로 떠났던 순간일 수도 있습니다. 그 무엇이든, 나에게 필요한 진정한 힘은 나의 기억 속 그리고 나의 내면에 있습니다.

다람쥐가 도토리를 모으듯, 당신이 경험한 그 순간들을 한 편의 글로 써내어 모아보길 바랍니다. 내게 위로를 건넨 말들과 순간들은 내게 무엇이 필요한지 말해줄 것입니다. 그리고 그것은 내가 무엇으로부터 힘을 얻는지도 알려줄 것입니다.

간절히 바라봅니다. 당신이 모은 소중한 도토리가, 당신이라는 멋진 숲을 푸르게 만드는 자양분이 되길.

Q 당신에게 가장 큰 위로가 되었던 일이나 말은 무엇인가요?

| 더 깊은 질문 | ◆그것이 당신에게 위로나 힘이 되었던 이유는 무엇인가요?

당신이 옳다
정혜신

세바시 인생질문

5

지금까지 한 선택 중에 가장 잘한
선택은 무엇이었나요?

 삶에는 크고 작은 선택들이 있기 마련입니다. 그러나 매번 최고의 선택을 내릴 수는 없습니다. 밀란 쿤데라는 『참을 수 없는 존재의 가벼움』을 통해 이런 말을 전합니다. "도무지 비교할 길이 없으니 어느 쪽 결정이 좋을지 확인할 길도 없다." 어찌 보면, 인생은 그가 말한 것처럼 '완성작 없는 초안'에 불과한 게 아니겠는지요.

 현재에 만족하며 살 수도 있습니다. 그러나 지금의 선택지가 아닌 다른 선택지를 택했다면, 우리의 삶은 새로운 우연 혹은 예상치 못한 기적들을 경험할 수도 있습니다. 반대로, 최악이라고 여겼던 선택지가 오히려 때로는 최악이 아닐 수도 있습니다. 내가 택하지 않은 길이 어떤 나비효과를 불러일으킬지는 아무도 모르기 때문입니다.

 그렇기에 우리는 어떤 식으로든 나의 선택과 화해해야 합니다. 과거에 내가 한 선택은 지금의 내가 긍정함으로써 '좋은 선택'이라는 지위를 얻게 됩니다. 나아가 과거의 선택이 좋았다고 믿을 수 있으면, 그 선택으로 만들어진 오늘도 사랑할 수 있습니다.

 내 삶은 분명 선택이라는 징검다리를 건넙니다. 때론 잘못된 선택도 있었을 겁니다. 그러면 그 선택을 왜 후회하는지, 여전히 그 잘못의 영향을 받고 있는지 생각해 보길 바랍니다. 선택을 돌이킬 수는 없지만, 그 선택으로 만들어질 오늘과 내일은 변화의 가능성을 안고 있습니다. 나아가, 그 선택을 하지 않았다면 펼쳐졌을 삶도 상상해 보길 바랍니다. 그 상상이 내 삶의 결핍을 알려줄 겁니다.

신이 아닌 이상 그 누구도 완벽한 선택을 내릴 수는 없습니다. 완벽하게 선택하지 못한 자신을 자책하기보다는, 선택 속의 긍정적인 부분을 발견해 보길 바랍니다. 분명, 그 속에는 밝은 미래가 있을 것입니다.

Q 지금까지 한 선택 중에 가장 잘한 선택은 무엇이었나요?

| 더 깊은 질문 |　　◆반대로 가장 후회하는 선택은 무엇인가요?

| 더 깊은 질문 |　　◆과거로 돌아간다면, 무엇을 바꿔야 그 후회가 사라질까요?

 당연한 불안과 싸우기보다, 최선의 선택을 해야 합니다
장혁

세바시 인생질문

6

당신의 일을 통해 느꼈던 보람이나
뿌듯함의 경험은 무엇인가요?

*

　인간의 삶에서 일의 중요성을 빼놓을 수는 없습니다. 우리는 어릴 때부터 오랜 세월 진학과 취업을 목표로 하며 직업인이 되는 걸 꿈꿉니다. 그리고 그 결과, 우리는 자신을 소개할 때 자연스럽게 직업이나 일에 대해 말합니다.

　우리는 일을 통해 여러 감정을 느낍니다. 특히, 내가 쓸모 있는 존재라는 걸 느낄 때는 성취감이나 뿌듯함을 느끼곤 하죠. 물론 일은 고됩니다. 일에서 얻는 보람만큼 절망을 느끼기도 하고요. 평생 일하지 않고 먹고살 수 있는 것도 좋겠지만, 인간은 일하지 않으면 정체성을 잃어버려 공허함을 느낍니다. 우리는 아주 먼 옛날부터 노동을 통해 삶의 온전함을 느낄 수 있도록 만들어졌기 때문입니다.

　우리는 일을 얻기 위해서도, 일을 하면서도 삶의 많은 시간을 할애합니다. 그런데 일에 대해 좀처럼 생각하지 않는다면, 우리는 인생이 어떻게 흘러가는지도 모른 채 살게 될 것입니다. 그래서 일에 대한 소신이나 가치를 정립한다는 건, 뿌듯한 삶을 사는 첫걸음일지도 모릅니다.

꼭 직업을 가져야만 일을 할 수 있는 것은 아닙니다. 함께 사는 사람을 위해 애쓰는 일. 취미로 하지만 진심으로 몰두하는 일. 공들여 정원을 가꾸거나 식물을 키우는 일도 넓은 의미에서의 '일'입니다. 무엇이 되었든, 나의 애정 그리고 손길이 닿는 일들에 어떤 의미가 담겨 있는지 살펴보길 바랍니다. 우리는 애써 일함으로써 존중받는 존재가 되니 말입니다.

Q 당신의 일을 통해 느꼈던 보람이나 뿌듯함의 경험은 무엇인가요?

| 더 깊은 질문 | ◆ 그 경험을 통해 당신이 알게 된 당신의 강점이나 역량은 무엇이었나요?

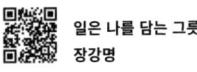 일은 나를 담는 그릇이다
장강명

세바시 인생질문

7

당신에게 교훈을 주거나
깨달음을 준 실수는 무엇이었나요?

*

　누구든 완벽할 수는 없습니다. 그럼에도 세상 사람들은 완벽을 추구하며, 완벽하지 못한 자신을 자책하거나 평가절하하기도 합니다. 완벽은 실수를 용납하지 않습니다. 그렇기에 많은 이들은 완벽해야 한다는 강박관념으로 인해, 때때로 시도조차 못 하고 도전으로부터 뒷걸음질 치곤 합니다.

　우리는 자신을 사랑하기 위해서라도 실수에 관대해질 필요가 있습니다. 흔히 '타인에게 관대하고 자신에게 엄격한 것'이 현명한 태도라고 여겨지기도 합니다. 그러나 우리는 알아야 합니다. 내가 나를 응원하고 위로해 줘야만, 세상 모두가 날 사랑으로 보호해 준다는 것을 말입니다.

　실수할 것이 두려워 도전하지 않는 것도 하나의 실수이지만, 때로는 의도치 않은 실수로 예상치 못한 곤욕을 치르기도 합니다. 가령, 누군가는 시험지 답안을 밀려 써서 생각지도 못한 점수를 받았을 수도 있습니다. 그리고 누군가는 탑승 시각을 착각해, 어쩔 수 없이 비행기를 놓친 적도 있을 테고요.

　이렇듯 실수는 예견이 가능한 것과 예견하기 어려운 것으로 나

눌 수 있습니다. 그러나 그 무엇이 됐든, 실수는 긍정적인 결과보단 부정적인 결과를 초래할 가능성이 큽니다. 그래서 실수를 인지하지 못하면, 우리는 똑같은 문제를 반복적으로 경험할 것입니다.

그렇기에 실수를 온전히 받아들이되, 그로부터 어떻게 하면 더 '나은 존재'로 나아갈 수 있는지를 고민해 봅시다. 누구도 완벽할 수는 없지만, 어제보다 더 나은 오늘의 내가 될 수는 있습니다. 그러니 더 나은 미래를 위하여, 우리의 실수를 기록해 봅시다.

Q 당신에게 교훈을 주거나 깨달음을 준 실수는 무엇이었나요?

| 더 깊은 질문 | ◆ 그 실수를 통해 당신은 어떤 변화를 겪었나요?

 뼈를 깎는 노력이 반드시 실패하는 이유
이지영

세바시 인생질문

8

당신은 누군가의
좋은 친구라고 생각하나요?
그렇다면, 그 이유는 무엇인가요?

*

과거에 비해 친구의 의미가 많이 퇴색한 것 같습니다. 몇몇 유명인들은 "나이 들어보니 친구 필요 없더라. 그 시간에 자기 인생 챙기는 게 낫다."라는 취지의 강연을 하기도 합니다. 친구라고 하면 간도 쓸개도 내어주며 보증도 서주던 시절이 있었지만, 어느덧 친구란 쉽게 절교하거나 대체될 수 있고, 손익 관계에 따라 달라질 수도 있는 존재가 된 듯합니다.

무엇이든 과하면 좋지 않습니다. 친구에게 모든 걸 내어주거나 의지한다면, 자기 삶을 챙기기는 어렵습니다. 그럼에도 친구라는 존재의 소중함을 잊어서는 곤란합니다. 85년간 2천여 명의 삶을 추적한 하버드대학 연구팀의 『세상에서 가장 긴 행복 탐구 보고서』에 따르면, 신체 건강과 정신 건강, 장수를 보장하는 건 놀랍게도 '좋은 관계'라고 합니다.

이처럼 '좋은 삶'을 살기를 바란다면, 사람 간의 '좋은 관계'를 놓쳐선 안 됩니다. 관계는 그 자체로 내가 누구인지를 알려주는 근거입니다. 나라는 존재의 이유는 홀로 정립할 수 없습니다. 누군가에게 좋은 친구나 가족이 되어줄 때, 누군가가 나를 인정해 주거나 칭찬해 줄 때, 누군가에게 가치 있고 필요한 사람이 될 때, 내 삶의 의미를 확인할 수 있습니다. 그러므로 관계를 고민한다는 건 곧 나의 고민을 살피는 것과 같습니다.

내가 누구에게 소중한 사람인지, 또 누구에게 의미 있고 필요한 존재였는지를 떠올려봅시다. 그 속에서 우리는 나를 찾는 하나의 길을 만날 수 있습니다. 내게 소중하고 나를 소중히 여기는 존재가 있는 한, 나는 꽤 괜찮은 삶을 사는 것입니다.

Q 당신은 누군가의 좋은 친구라고 생각하나요?
그렇다면, 그 이유는 무엇인가요?

| 더 깊은 질문 | ◆ 친구가 어려움에 처했을 때, 당신은 어떻게 도와주었나요?
그 경험은 당신에게 어떤 의미가 있나요?

 친구의 기준을 낮춰야 하는 이유
남인숙

세바시 인생질문

9

타인을 사랑하면서 경험한
가장 큰 기쁨은 무엇인가요?

*

인류의 역사는 사랑의 역사라고 해도 과언이 아닙니다. 특히, 세상에 존재하는 수많은 문학작품은 사랑 없이는 논할 수 없을 정도죠. 여러 고전 작품들, 가령 도스토예프스키나 헤르만 헤세, 제인 오스틴이나 피츠제럴드의 소설을 떠올려보면, 그들의 작품에는 사랑 이야기가 빠지려야 빠질 수가 없다는 걸 알 수 있습니다.

흥미로운 점은 세상 사람들 모두 '사랑'에 대해 각기 다르게 말한다는 겁니다. 누군가는 사랑을 강렬한 욕망이라 하고, 누군가는 마음에 평화를 주는 안식처라고 합니다. 또 누군가는 사랑과 우정이 같다고 말하고, 누군가는 사랑과 호감은 다른 것이라 말하기도 합니다.

이처럼 사랑은 사람마다 다르지만, 시절마다 달라지기도 합니다. 어릴 적에는 설렘을 사랑이라 생각했다가, 나이가 들어서는 안정감을 사랑이라 느끼기도 합니다. 부모님에 대한 사랑에서부터 연인과 친구, 자녀에 대한 사랑까지 사랑은 평생 다양한 형태로 변주되어 다가옵니다. 그렇기에 우리는 스스로 사랑이 무엇인지 더더욱 고민하며 알아갈 필요가 있습니다.

사랑하며 얻었던 기쁨을 기억하고 그 기억을 좇다 보면, 우리의 삶은 더 큰 사랑으로 가득할 것입니다. 마찬가지로 사랑을 하며 자신에 대해 새롭게 알게 된 사실을 되짚어 나가다 보면, 나라는 존재가 누구인지도 새롭게 알 수 있을 것입니다. 우리는 '내가 나를' 바라보는 상태에서 '상대가 나를' 바라보는 관점을 경험하며, 사랑이라는 감정에 헤실거리는 새로운 '나'를 발견하기 때문입니다.

Q 타인을 사랑하면서 경험한 가장 큰 기쁨은 무엇인가요?

| 더 깊은 질문 | ◆ 타인을 사랑하면서, 당신이 스스로에 대해 새롭게 발견한 점은 무엇인가요?

 한석규, 김서형 주연의 감동 드라마, 그 실제 주인공의 감동적인 이야기
강창래

세바시 인생질문

10

'자기소개'가 아닌
'존재소개'를 한다면
어떤 이야기를 하고 싶나요?

*

우리는 취업이나 이직을 준비하며 수도 없이 많은 자기소개서를 씁니다. 그 속에는 내가 어떤 학교를 나왔는지, 어떤 자격증을 땄는지, 어떤 직무 능력과 경력을 쌓아왔는지를 빽빽하게 쓰죠.

그러나 자기소개서를 쓰면서도 그 속에 담긴 이야기가 모두 진짜라고 믿는 사람은 많지 않습니다. 인생의 역경이나 나만의 이야기를 쓰도록 요구하는 자기소개서도 있지만, 대부분은 '자소설'이라고 할 정도로 적당히 윤색된 이야기를 쓰기 때문입니다.

이처럼 세상에 수도 없이 많은 '자기소개'를 하지만, 정작 나 자신에게 가장 중요한 이야기를 하는 건 손에 꼽을 것입니다. 누구든 진정으로 자신만이 아는 '존재의 이야기'를 갖고 있기 마련입니다. 사회나 세상에서 요구하는 가치관과는 다른, 나만의 가치관이 내 안에 웅크리고 있는 거죠.

나만이 좇는 신념과 생각을 숨겨놓고 있을 수 있습니다. 그렇기에 세상에 통용되는 나의 가치가 아니라, 나의 존재를 고유하게 설명할 수 있는 '존재 소개'를 고민해 보면 어떨까 합니다. 나라는 존재는 이 세상에 하나뿐인 고유한 존재입니다. 그 이전에도 그리고 그 이후에도, 나와 똑같은 존재는 다시 태어날 수 없습니다. 그렇다면, 나만의 '고유함'이 무엇인지 고민해 보는 게 나를 찾는 길이 아닐까요?

나라는 고유한 존재를 소개할 때, 무엇을 먼저 말하고 싶은지 떠올려봅시다. 누군가는 자신의 신앙을, 누군가는 자신의 예술 작품을, 그리고 누군가는 자신의 취향을 이야기할 수도 있습니다. 그 무엇이든 괜찮습니다. 존재라는 우주를 유영하다 보면, 언젠가는 당신이라는 행성에 다다를 테니까요.

Q '자기소개'가 아닌 '존재소개'를 한다면
어떤 이야기를 하고 싶나요?

| 더 깊은 질문 | ◆ 나에 대한 '존재소개'에서 가장 중요한 가치나 생각은 무엇인가요?

무기력과 허무, 그 틈에서 찾는 삶의 의미
김학철

Chapter 2.

오직,
이 세상에
하나뿐인
당신

세바시 인생질문

11

당신이 생각하는 '나다움'을 정의한다면,
어떤 모습이나 가치가 떠오르나요?

*

'나다움'은 사람마다 다를 수 있습니다. 누군가는 친구들 사이에서 깔깔거리며 신나게 놀 때를 나답다고 할 수 있고, 누군가는 혼자 밤에 책을 읽을 때 느껴지는 평온함이 나답다고 할 수 있습니다. 결국 저마다 가장 나답다고 느끼는 순간도, 방식도 다른 것이죠.

'나다운 순간'이라고 하면 무엇이 가장 먼저 떠오르나요? 멋지게 차려입고 당당히 거리를 활보하는 순간? 여름날 가족과 둘러앉아 수박을 먹는 순간? 고요히 하루를 돌아보며 기도하고 글을 쓰는 순간? 그 무엇이든 좋습니다. 떠오르는 생각들을 천천히 써나가다 보면, 내가 생각하는 나다움 그리고 나다워지는 순간이 무엇인지도 조금은 알게 될 것입니다.

사람들이 인생에서 소중하게 여기는 순간이나 가치는 다르기 마련입니다. 그러나 우리는 평소에 자기만의 가치를 이야기하기 어렵습니다. 가령, 남들이 보는 예능이나 드라마가 있으면, 때론 나도 그들의 취향을 따라야 할 것 같다는 마음이 듭니다. 그러나 마음에도 없는 콘텐츠를 찾아보고선, 우리는 간혹 거짓 미소를 짓기도 합니다. 내가 추구하는 즐거움이 아닌, 남들이 추구하는 즐거움을 억지로 음미하면서 말이죠.

글을 쓸 때는 오직, 온전히 내 안의 '나다움'에 집중할 수 있습니다. 그러니 내가 믿는 가치, 신념, 윤리, 취향. 그리고 내가 진정으로 좋아하는 순간, 모습, 기질 같은 것까지 찬찬히 써보길 바랍니다. 스스로 '나다움'을 지키기 위해 노력하는 게 있다면, 그 노력에 대해 써보는 것도 좋습니다.

Q 당신이 생각하는 '나다움'을 정의한다면, 어떤 모습이나 가치가 떠오르나요?

| 더 깊은 질문 | ◆ '나다움'을 유지하거나 강화하기 위해 당신이 실천하는
노력은 무엇인가요?

 우리 모두 마음껏 매력적입시다
안희연(하니)

세바시 인생질문

12

상상 속에서 당신의 자화상을
그려본다면, 그 자화상에는 어떤 모습과
감정이 담길까요?

*

　세상에는 여러 종류의 자화상이 있습니다. 얼굴만 그리는 자화상도 있고, 가슴 위쪽만 그리거나 전신을 그리는 자화상도 있습니다. 어디 그뿐일까요? 자세도 살펴보면, 정장을 입고 앉아 있는 것에서부터 나체로 누워 있거나 서 있는 경우까지 참으로 다양합니다. 당연히 사뭇 진지한 표정이나 웃고 있는 모습처럼 그 표정도 다채롭지요.

　누군가에게 단 한 장의 그림을 보여줄 수 있다면, 나는 어떤 모습을 하고 있을까요? 누군가는 로댕의 「생각하는 사람」처럼 고뇌에 빠져 있는 모습을 그리고 싶을지 모릅니다. 또 누군가는 너무나 행복하게 잇몸을 만개하며 웃고 있는 모습을 그리고 싶을 수도 있고요. 어느 모습이든 그 속에는 내가 나라고 생각하는 모습, 즉 자신이고픈 모습이 담겨 있을 것입니다.

　자화상은 우리의 마음에 대해, 내가 생각하는 나에 대해 중요한 정보를 말해줍니다. 인간은 '언어'로 자신을 규정하면서 자기 자신 즉 주체를 발견해 나가기도 하지만, 동시에 '이미지'를 통해 자아를 형성하곤 합니다. 찬찬히 머릿속에 이 세상에 오직 하나뿐인 '나'를 떠올려봅시다. 종이 위에 글로 써보기도 하고, 공간이 남는다면 자화상을 그려보는 것도 좋겠습니다.

 몹시 궁금합니다. 하얀 종이 위 그려진 당신의 자화상에는 어떤 모습 그리고 어떤 감정이 담겨 있을지.

Q 상상 속에서 당신의 자화상을 그려본다면, 그 자화상에는 어떤 모습과 감정이 담길까요?

| 더 깊은 질문 | ◆ 나의 자화상에서 가장 마음에 드는 부분은 무엇인가요?

독전 진서연이 오늘날의 자존감을 만든 '엄마적 사고'
진서연

세바시 인생질문

13

당신이 자부심을 느꼈던
가장 큰 성취는 무엇인가요?

*

성취와 성공은 다릅니다. 흔히 남들보다 돈을 많이 벌 거나, 큰 권력과 인기를 얻었을 때 '성공'했다는 수식이 붙습니다. 그래서 성공은 한 사회가 정한 획일화된 기준에 따라 얻은 승리에 가까운 개념이라고 볼 수 있습니다. 그러나 성취는 오늘 하루와 같은 아주 작은 것들에서부터 시작합니다.

내 삶에는 크고 작은 성취들이 있기 마련입니다. 때때로 어떤 성취는 타인으로부터 인정받지 못할 수도 있지만, 내게는 중요할 수 있습니다. 아이들도 여러 크고 작은 성취를 경험합니다. 살면서 처음으로 두발자전거 타기에 성공했다거나, 고사리 같은 손으로 예쁘게 종이를 접었다면, 이들은 분명 큰 성취감을 느낄 것입니다.

소소한 것이어도 괜찮으니, 내 삶에서 자부심을 느낀 성취를 떠올려봅시다. 다른 사람의 시선과 기준은 그리 중요한 게 아닙니다. 가령, 처음으로 책을 집필한 작가는 자신의 책이 출간된 뒤 몇 달 내내 행복한 삶을 살 수 있습니다. 그동안 맛보지 못한 큰 성취감을 느꼈기 때문이죠. 누군가는 그의 책이 큰 인기를 얻었는지 물어볼 수 있습니다. 그러나 주변의 평가는 중요하지 않습니다. 진정으로 중요한 건, 작가가 성취감을 얻고 또다시 펜을 들었다는 것입니다.

당신에게도 그런 원동력이 있을 것입니다. 분명, 끊임없는 노력을 통해 얻은 성취감으로 진실한 나를 만들었던 순간들이 있을 테죠. 그 순간들은 내가 무기력에 젖어 있을 때, 아무것도 할 수 없다는 생각이 들 때 소중한 힘의 씨앗이 되어줄 것입니다. 작은 씨앗이어도 괜찮습니다. 노력과 성취라는 자양분만 있다면, 당신의 씨앗은 싹을 틔워 멋진 열매를 맺을 것입니다.

Q 당신이 자부심을 느꼈던 가장 큰 성취는 무엇인가요?

| 더 깊은 질문 | ◆당신의 성취에 대해 주변 사람들은 어떤 반응을 보였나요?

도무지 앞이 보이지 않을 때 헤쳐나가는 방법
김동현

세바시 인생질문

14

당신이 스스로를
가치 있게 느낀 순간은 언제였나요?

*

  삶의 가치는 다양한 순간에서 발견됩니다. 저는 아빠로서 아이와 함께 사마귀를 잡거나, 배드민턴을 치거나, 서툴게나마 그림책을 같이 만들 때 스스로를 가치 있는 존재라고 느낍니다. 아이에게 하나뿐인 아빠로서 온 마음을 다해 좋은 시간을 선물하고, 또 그 시간을 함께 보냈기 때문이죠.

  반면, 때로는 사회생활을 하며 스스로를 가치 있다고 느끼기도 합니다. 변호사로서 의뢰인을 위해 의미 있는 변론을 해냈을 때, 사람들 앞에서 강연을 하고 좋은 시간이었다는 말을 전해 들을 때면 "아, 나도 가치 있는 존재구나."라는 생각을 하곤 합니다.

  오랜만에 전화를 준 친구가 자신의 고민을 털어놓을 때면, 그때는 나만의 가치를 새삼 다르게 느끼기도 합니다. 누군가에게 힘이 되어줄 수 있는 사람. 소중한 사람에게 위로의 말을 전할 수 있는 사람. 그런 사람이 나라고 생각하면서 말입니다.

  문득 비 온 다음 날, 아이와 함께 아스팔트를 헤매던 지렁이를 흙으로 옮겨주던 순간이 떠오릅니다. 작은 생명체를 구했다는 뿌듯함도 있지만, 아마 저는 아이 덕분에 조금은 더 다정한 사람이 된

것만 같은 나 자신이 좋았던 것 같습니다. 이처럼 당신에게도, 가치 있는 순간들이 분명 있었을 것입니다.

우리가 스스로를 가치 있게 느낄 수 있는 다채로운 방식을 떠올려보면 어떨까 합니다. 그 속에는 소중한 나 그리고 나라는 존재의 의미가 있기 마련입니다. 특히, 우리가 놓치기 쉬웠던 것들을 곰곰이 생각해보는 것도 좋지 않을까 싶습니다. 그 순간들을 글로써 소중하게, 종이 위로 담아내 보길 바라봅니다.

Q 당신이 스스로를 가치 있게 느낀 순간은 언제였나요?

| 더 깊은 질문 |　◆그 순간을 통해 당신이 새롭게 발견한 자신의 가치나 특성은 무엇인가요?

직장도 직업도 없어질 때, 꼭 남겨야 하는 것
송길영

세바시 인생질문

15

당신이 스스로에게 칭찬해준다면
어떤 말을 해주고 싶나요?

*

 칭찬은 매력적입니다. 칭찬은 우리를 설레게 하기 때문입니다. 그런데 잘 생각해 보면, 우리는 어렸을 때부터 꽤 다양한 칭찬을 받으며 성장합니다. 숟가락질을 잘했다든지, 일어나 걸었다든지 등등 참 여러 이유로 말이죠.

 우리는 칭찬과 함께 머리 위를 쓰다듬는 따뜻한 손길을 느끼며, 환한 미소를 머금은 채 뿌듯함을 느낍니다. 이처럼 우리는 칭찬 안에서 부드럽게 숨 쉬며 나아갈 수 있습니다. 아직 미숙해도 괜찮고, 모두가 인정하는 능력을 갖출 필요도 없습니다. 칭찬이 불어주는 의지력을 들이마시며, 우리는 더 오래 스스로를 믿고 먼 미래로 나아갈 수 있습니다.

 나이가 들면서는 진심이 담긴 칭찬을 더욱 그리워하게 됩니다. 고맙다는 인사 혹은 예의상으로 건넨 수고의 말은 누구든 할 수 있습니다. 그러나 나를 오랫동안 지켜보고, 나라는 존재를 온전히 지지해 주는 칭찬은 점점 희소해집니다. 그렇기에 우리는 더더욱 스스로를 칭찬할 필요가 있습니다.

 단순히 무언가 대단한 걸 이뤄서가 아니라, 순수하게 나를 칭찬해 주고 싶은 순간들을 생각해 봅시다. 자신을 어린아이라고 상상해 보세요. 아이에게 무엇을 칭찬해 주고 싶나요? 그 무엇이라도 좋습니다. 그렇게 칭찬한 순간들 중 내가 유독 잘한 게 있다면, 한번 그 점을 기록해 봐도 좋을 것입니다. 만약 없다면, 사소한 것일지라도 약속을 잘 지킨 나의 의지력을 칭찬해 봅시다.

Q 당신이 스스로에게 칭찬해준다면 어떤 말을 해주고 싶나요?

| 더 깊은 질문 | ◆스스로를 칭찬해서 장점을 발휘했던 순간 중 가장 기억에 남는 경험은 무엇인가요?

나이들수록 행복하려면 꼭 만들어야 될 '베스트셀프'
박정효

세바시 인생질문

16

당신이 개선하고 싶은
당신만의 문제점은 무엇인가요?

*

누구에게나 장점이 있듯, 단점이나 약점이라 부를 만한 것이 있습니다. 우리는 보통 부족하다고 생각하는 부분이 있으면 남모르게 스트레스를 받기도 하고, 제삼자한테는 이를 숨기고 싶어 할 때도 있습니다. 그러나 자신의 약점을 직시하지 않고 회피하기만 한다면, 우리의 삶은 밑 빠진 독에 물을 붓듯 또다시 똑같은 실수를 연거푸 반복할 것입니다.

저는 어릴 때부터 산만했습니다. 초등학생 때는 너무 산만한 나머지, 선생님께서 제 자리를 따로 지정하실 정도였습니다. 교탁 옆에 책상을 두고 '독도'라고 이름 지은 자리가 저를 위한 자리였으니 말이죠. 그래서 우스운 소리일 수 있겠지만, 초등학교 시절 내내 저의 생활기록부에는 '산만'이라는 단어가 빠지질 않았습니다.

산만하다는 건 온전히 집중하지 못하고 자꾸 다른 생각을 한다는 의미를 갖는데, 이런 산만함은 성인이 되어서도 이어졌습니다. 학교에서 수업을 들을 때면, 교수님의 말씀 한마디 한마디로부터 파생된 생각들이 꼬리에 꼬리를 물었습니다. 그래서 그 무렵부터는 노트를 들고 다니며 머리에서 떠오르는 생각들을 모조리 기록하기 시작했죠. 그렇게 매달, 두꺼운 노트 한 권씩을 꼬박 채우기도 했고요.

　이런 글쓰기 습관은 꽤 오랫동안 누적됐습니다. 그러다 보니 어느덧 글쓰기가 너무 익숙해져 버렸고, 자연스럽게 글 쓰는 직업을 갖기에 이르렀습니다. 글 쓰는 데에 있어서 저에게 무슨 특별한 비법이 있는 건 아닙니다. 그저 산만함이라는 문제점을 극복하려는 개인의 노력이 어느덧 지금까지 이어져 온 것일 뿐입니다.

　나만의 문제점을 극복하려는 과정에서 우리의 삶은 긍정적인 미래를 그려 나갈 수 있다고 봅니다. 그래서 어떻게 보면, 삶이란 결핍이나 결점을 치유하면서 그려낸 궤적 같은 것일지도 모릅니다. 약점은 곧 개선점이자 장점이 될 수도 있습니다. 오늘은 이처럼 우리의 삶을 만들어왔을 그리고 앞으로도 만들어 나갈, 당신에게 꼭 필요한 개선점에 관해 이야기해봅시다.

Q 당신이 개선하고 싶은 당신만의 문제점은 무엇인가요?

| 더 깊은 질문 | ◆스스로 느끼기에 부족하다고 여긴 점이 긍정적으로 작용했던 순간이 있다면, 그건 어떤 경험이었나요?

 불안 장애를 겪었던 정신과 교수가 말하는 감정읽기 비법, 나의 약점을 고백하세요
나종호

세바시 인생질문

17

과거보다 나아진 당신의 모습에는
어떤 것들이 있나요?

*

　사람들은 남들과 자신을 비교하기 바쁩니다. 최근 SNS는 거대한 '자랑'의 장이 되면서 비교는 많은 이들의 일상이 되어버렸습니다. 과거에는 서로의 삶을 아는 데 한계가 있었다면, 이제는 자기 삶의 자랑거리를 만천하에 공개하는 시대가 되었습니다. 즉, 비교는 더더욱 피하기 어려워졌죠.

　그러나 타인과 비교하며 내 삶이 괜찮은 삶인지 아닌지를 따진다면, 우리는 진정한 인생의 만족감을 누릴 수 없습니다. "내가 저 사람보다는 좀 더 낫지 않나?"라는 생각을 할 수는 있습니다. 그러나 비교는 곧 나에게 상처만 줄뿐, 더 큰 사랑을 주진 못합니다.

　다시 돌아오지 않을 한 번뿐인 인생입니다. 그렇다면 그 누구도 아닌, 나에게로 초점을 돌려보면 어떨까요? 과거의 나를 떠올리며, 나는 과거에 비해 무엇이 나아졌는지를 떠올려보는 겁니다. 나름대로 성실하게 하루하루를 살아왔다면, 분명 내게는 과거보다 나아진 것들이 있을 겁니다.

　가령, 몇 년 전만 해도 운전은 저에게 멀게만 느껴졌습니다. 그런데 지금은 능숙하게 운전하며 전국을 돌아다닙니다. 남들 다 하는 운전이라곤 하지만, 나름 능숙해지기까지는 많은 시간과 노력이 필요했습니다. 물론, 제 운전 실력을 기사님들과 비교한다면 주눅이 들 수는 있겠죠. 그러나 굳이 그럴 필요는 없다고 봅니다. 중요한 건 자기 삶에 초점을 맞추는 것이고, 그 누구의 삶이 아닌 나의 삶을 사는 것이기 때문입니다.

초점을 나에게로 돌려 그동안 걸어온 길을 뒤 돌아보면, 지금의 나는 과거의 나보다 조금은 성장했을 것입니다. 응원과 지지라는 자양분만 있다면, 우리의 오늘은 어제보다 더 밝을 것입니다. 그러니 그 누구도 아닌 나를 바라보며, 나를 사랑해 보는 건 어떨까요?

Q 과거보다 나아진 당신의 모습에는 어떤 것들이 있나요?

| 더 깊은 질문 | ◆그 변화를 이루기 위해 당신은 어떤 노력을 했나요?

내 인생 '다시 쓰기'
이지선

세바시 인생질문

18

실패의 순간마다,
당신을 다시 일어서게 만드는
가장 큰 힘이나 가치는 무엇인가요?

*

사람은 누구나 실패를 경험합니다. 실패라는 말이 너무 거창하다면, '시행착오'라는 말로 바꿔도 좋겠군요. 학업이나 시험에서의 실패. 취업이나 이직 과정에서의 실패. 인간관계나 그 밖의 크고 작은 도전에서의 실패 등등 모든 인생에 적용되는 한 가지 진리가 있다면, 그건 바로 "실패 없는 인생은 없다."일 것입니다.

언젠가부터는 인생에 실패란 너무도 당연한 일부라는 걸 이해하게 되었습니다. 그리고 그때 느꼈습니다. 중요한 것은 실패를 대하는 자세라는 것을요. 실패했다고 해서 도망치고, 다시는 새로운 도전을 하지 않고, 스스로 의욕을 꺾어버리고, 역시 불가능하다고 되뇌면서 방으로 숨어드는 건 그다지 현명하지 않은 태도라고 봅니다.

어린아이들을 보면, 우리가 얼마나 수많은 실패들을 이겨내고 지금의 자리까지 왔는지를 이해할 수 있습니다. 걸음마 떼기, 젓가락 사용하기, 한글 읽고 쓰기 등등 아이들은 수천, 수만 가지의 것들을 실패하며 배웁니다.

우리는 누구나 실패가 만든 존재들입니다. 다시 일어나지 못했다면, 지금의 나도 없을 것입니다. 그러니 실패 앞에 좌절하여 도망치기보다는, 어떻게 실패에 대처해야 할지를 생각해 봅시다. 방법은 저마다 다를 겁니다. 그러나 지난날의 실패들을 돌아보며 나를 일으켜 세운 것들을 떠올려봅시다. 나를 다시 일으켜 세울 힘을 내 안에서, 나의 기억 속에서 찾아봅시다. 우리에게 당연히 도래할 실패 앞에서, 그 기록이 당신을 다시 일으킬 것입니다.

Q 실패의 순간마다, 당신을 다시 일어서게 만드는 가장 큰 힘이나 가치는 무엇인가요?

| 더 깊은 질문 | ◆앞으로 그 힘이나 가치를 강화하거나 확장하기 위해 어떤 노력을 할 수 있을까요?

성공과 실패 대신 '변화'하는 삶으로
손원평

세바시 인생질문

19

당신이 꾸준하게 성장하기 위해
실천하고 있는 습관은 무엇인가요?

*

사람마다 다르지만 "오늘 만족하면 되지, 사람이 꼭 매일 성장해야 할까?"라고 생각하는 분들도 있습니다. 그리고 이들 중에는 이런 견해를 가지기도 합니다. "자기 계발이 강박적인 산업이 된 게 아닐까? 자기 계발을 '자기 관리'라고 규정하면서 끝없는 평가와 감시를 조장하는 게 아닐까?"

자기 계발을 상업적으로 활용하는 것과는 별개로, 인간은 일정 수준에서 자기 관리를 통해 성장할 필요가 있다고 봅니다. 가령, 운동으로 근육을 성장시키지 않으면, 우리의 근육량은 대략 30대부터 매년 1%씩 감소합니다. 그리고 기억력이나 문제 해결 같은 뇌 기능도 30대 이후부턴 자연스럽게 저하하죠. 그래서 이를 위해서는 소소하게나마 피아노를 치거나 외국어를 공부하면 좋고요.

우리에게는 꾸준히 성장하기 위한 습관이 필요합니다. 사람에 따라서는 저마다 그런 꾸준한 습관을 이어오고 있을 겁니다. 누군가는 매일 산책하거나 달릴 수도 있고, 매일 뉴스를 보며 세상의 흐름을 따라가려 애쓸 수도 있습니다. 더 좋은 관계를 위해 노력하고 있을 수도 있고, 매일 글을 쓰거나 책을 읽을 수도 있고요.

습관에 대한 기록은 내가 '퇴보'하지 않고 조금씩 나아가고 있다는 것을 확인해줍니다. 리베카 솔닛은 『걷기의 인문학』이라는 저서를 통해 인간은 본디 걷는 동물임을 강조합니다. 우리는 가만히 머물러 있는 존재가 아니라 나아가야 하는 존재입니다. 하루하루를 부지런히 걸어 나가며 성장하는 나로 기억하는 건, 앞으로 나아가고자 하는 인간의 본능입니다. 그러니 본능적으로 매일의 성장을 기록하고, 천천히 조금씩 나아가보세요. 그럼, 오늘이 아닌 매일의 삶에 만족할 수 있을 것입니다.

Q 당신이 꾸준하게 성장하기 위해 실천하고 있는 습관은 무엇인가요?

| 더 깊은 질문 |　　◆ 만약에 없다면, 성장을 위해 어떤 습관을 들여보고 싶나요?

 스스로를 키울 수 있는 사람은 나밖에 없습니다
전영애

세바시 인생질문

20

현재 당신의 삶에서
가장 감사하게 여기는 것은
무엇인가요?

*

　인생의 조건이야 사람에 따라 다르기 마련입니다. 물론, 개중에는 모든 면에서 객관적으로 더 좋은 조건을 가진 사람 그리고 삶이 있을지도 모릅니다. 그러나 조건이 더 좋다고 하여, 이것이 더 행복한 삶과 연결되는 것은 아닙니다.

　세상에는 아무리 비싼 집에 살면서 명품으로 치장하더라도 삶에 만족하지 못하는 사람이 있습니다. 이와는 반대로, 어떤 이는 소박하게 살면서도 오늘 아침 맞이한 햇살, 길 가다가 만난 담벼락의 장미꽃, 정다운 인사를 나누는 이웃의 존재에도 감사함을 느끼며 행복한 삶을 살기도 하죠.

　삶은 감사를 느끼고 감사를 외치는 사람이 행복과 만족을 통해 더 잘 사는 게임이라고 봅니다. 물론 때로는 불평불만이 인생 혹은 사회를 더 나은 방향으로 이끌기도 합니다. 이는 마치 불만족을 극복하려는 우리네 노력이 긍정으로 승화되는 것과 비슷한 이치라고 할까요?

　이처럼 불만족의 힘을 빌려 삶의 변화를 추구하는 것도 도움이 될 수는 있습니다. 다만, 그보다는 온 마음을 다해 감사함을 느끼며

'오늘'에서의 행복을 찾는 게 더 좋은 방법이 될 수 있을 것입니다.

영원한 것은 없습니다. '오늘' 아침에 라디오에서 우연히 들은 노래 한 곡. '오늘' 점심에 무친 나물로 만든 정갈한 식사 한 끼. '오늘' 밤 사랑하는 사람과 걷는 산책길. '오늘'에 감사하지 못한다면, 10년 뒤의 나는 아마 그 어떤 것에도 행복을 느끼지 못할 것입니다. 그러니 오늘의 감사함을 기록해 봅시다. 그리고 오늘의 감사를 떠올리며, 당신의 내일과 내일모레도 감사로 가득하길 바라봅니다.

Q 현재 당신의 삶에서 가장 감사하게 여기는 것은 무엇인가요?

| 더 깊은 질문 | ◆그 감사함이 당신의 일상이나 삶의 태도에 어떤 영향을 주었나요?

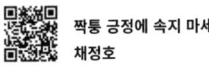
짝퉁 긍정에 속지 마세요
채정호

Chapter 3.

그럼요,
당신은
할 수 있습니다.

세바시 인생질문

21

당신이 가장 하고 싶은 일은
무엇인가요?

*

　몇몇 사람들은 일이나 직업을 단순한 돈벌이 수단으로만 여깁니다. 일에서 진정한 보람을 찾기보단, 일을 힘들고 귀찮은 것으로 여기기 때문입니다. 과거에는 직업을 'Calling(부름)'이라고도 불렀습니다. 신이 부여한 '소명'이 자신의 일이라고 믿었던 시절과는 사뭇 대비가 되는 오늘날이지 않겠는지요.

　우리는 돈이라는 가치가 절대적으로 중요해진 시대 그리고 사회에 살고 있습니다. 그러나 일을 돈벌이 수단으로만 여긴다면, 삶은 다소 아쉬울 수 있습니다. 직장을 다니는 사람은 하루 중 대부분의 시간을 일에 할애합니다. 어떻게 보면, 인생의 절반은 일에 쓰인다고 해도 과언이 아닙니다. 그렇기에 한 번뿐인 인생에서 돈 버는 것 외에 아무 의미도 느끼지 못한다면, 이것만큼 아쉬운 삶이 없을 것입니다.

　당장 의미 있고 하고 싶은 일만 하고 살 수는 없습니다. 그러나 진정으로 하고 싶은 일이 무엇인지 고민한다면, 삶은 조금씩 그 꿈들을 끌어당길 것입니다. 가령, 때론 고된 하루를 마무리하고, 퇴근 후 홀로 글 쓰는 사람들을 보곤 합니다. 그들은 오랜 고민 끝, 꿈을 이루는 담대한 도전자가 되기로 결심한 듯합니다. 그리고 그 도전의 끝, 그들은 저마다의 메시지를 전하며 작가로서의 발자취를 남깁니다.

하고 싶은 일이 무엇인지 고민하다 보면, 조금씩 일상의 '틈'이 열릴 것입니다. 그리고 그 틈 사이로, 새로운 도전의 역사를 기록할 수 있습니다. 그러나 기계적인 삶만 살아간다면, 어느덧 나는 기계와 다름없는 존재로 남겨질지도 모릅니다.

하고 싶은 일, 그리고 간절히 원했던 꿈이 무엇이었는지 생각해 봅시다. 그 일을 통해 얻고 싶은 가치나 느끼고 싶은 의미가 무엇인지도 고민해 보길 바랍니다. 현실적인 이유로 당장 그 일을 시작하기 어려울 수도 있습니다. 그러나 시작이 반이라는 걸 기억한다면, 내 마음속에 품은 작은 그 꿈은 이미 희망의 잎사귀를 피워냈는지도 모릅니다.

Q 당신이 가장 하고 싶은 일은 무엇인가요?

| **더 깊은 질문** | ◆ 그 일을 통해서 당신이 실현하고 싶은 욕구는 무엇인가요?

| 더 깊은 질문 |　◆그 일을 하기 위해 당신은 어떤 노력을 해야 할까요?

나의 재능을 발견하는 세 가지 질문
신애라

세바시 인생질문

22

만약 신이 당신에게
특별한 능력이나 재능을 허락한다면,
당신은 무엇을 택하겠나요?
그리고 그 이유는 무엇인가요?

*

　신은 인간에게 상상력을 선물했습니다. 그래서 인간은 상상을 사랑합니다. 상상은 언젠가 자신의 꿈이 이루어질지도 모른다는 희망을 안겨주기 때문입니다. 그런데 상상의 힘은 단지 꿈을 이루는 것으로 끝나지 않습니다. 상상은 우리가 생각하지도 못했던 특별한 능력을 허락하기 때문입니다.

　만약 당신이 상상을 통해 특별한 능력을 가질 수 있다면, 당신은 어떤 능력을 갖고 싶나요? 여러 가지를 떠올릴 수 있겠지만, 당신이 생각하는 능력 중 일부는 이미 당신 안에 있을지도 모릅니다. 간절히 원하고 또 원한다면, 어떻게든 결핍을 해소하고자 노력하는 게 인간의 본능이기 때문입니다.

　어떤 능력은 특별하긴 하지만, 현재 상황에서는 다소 비현실적으로 느껴질 수도 있습니다. 가령, 단 한 번도 돈을 벌어본 적이 없는 사람이 갑자기 큰돈을 벌든지, 연필을 잡아본 적도 없는 사람이 전문가 수준의 그림을 그리든지가 여기에 해당하겠군요.

　그러나 비현실적이라고 해서 꼭 불가능한 것은 아닙니다. 불가능을 가능으로 치환하기 위해서는 스스로의 노력과 더불어 행운이라는 선물이 필요합니다. 가능성의 기적을 경험하기 위해선, 지금 내가 할 수 있는 것들에 최선을 다해보는 것이 하나의 방법이 될 수 있습니다. 마치, 비상하기 위해 땅을 딛고 도움닫기 자세를 취하는 것과 비슷한 거죠.

우리가 세상에 가지지 못할 능력은 없습니다. 화가는 산을 그릴 때, 작은 나무들부터 그립니다. 나무들이 모여 숲을 이루고, 숲이 모여 산이 되기 때문입니다. 누군가는 인생을 짧다고 하지만, 생각해 보면 인생은 아주 긴 여정이기도 합니다. 이 여정을 무엇으로 채울지는 당신에게 달려 있습니다. 원하는 것을 떠올리고 간절히 바라보길 바랍니다. 그것은 이미 당신 안에 있을지도 모르니 말입니다.

Q 만약 신이 당신에게 특별한 능력이나 재능을 허락한다면,
당신은 무엇을 택하겠나요? 그리고 그 이유는 무엇인가요?

| 더 깊은 질문 | ◆ 그 재능이나 역량을 얻으면, 당신의 삶에 어떤 변화가
생길 것 같나요?

| 더 깊은 질문 | ◆그런데 그건 반드시 신이 허락해야만 가능한 일인가요?

 내가 재능이 없다고 느껴질 때, 모든 걸 이겨낼 수 있는 '이것'
제이블랙

세바시 인생질문

23

당신이 지금 가장 만나고 싶은
롤모델은 누구인가요?

*

　본받고 싶은 존재를 '롤모델'이라고 표현합니다. 어린 시절을 떠올려보면, 그 시절 우리에게는 각자만의 롤모델이 있었습니다. 초등학교 시절, 누군가는 크레파스로 경찰관을 그리며 그림 밑에 이런 말을 쓰기도 했습니다. "저희 아빠는 경찰입니다. 저는 나중에 커서 아빠처럼 정의로운 경찰이 되고 싶습니다."

　본받고 싶은 존재가 있다는 건 참으로 아름답습니다. 그런데 나이가 들다 보면, 세상에 완벽한 사람이란 없다는 걸 깨닫게 됩니다. 그럼에도 여전히 우리네 마음속에는 멋지고 아름다워 보이는 사람들이 한둘씩 남기 마련입니다. 그들이 완벽한 존재여서가 아닙니다. 그들에게는 인간으로서 닮고 싶은, 내가 경모하는 모습이 있기 때문입니다.

　내게 멋져 보이거나 이상적으로 보이는 사람이 있다면, 한번 그 이유를 적어보길 바랍니다. 문득 저는 무라카미 하루키가 떠오릅니다. 매일 아침 일어나 자신만의 리듬으로 성실하게 달리고 글을 쓰는 그의 생활방식이 멋져 보입니다. 그리고 부럽기도 합니다. 나에게는 그런 생활방식이 까마득한 미래의 이야기로만 다가오기 때문이죠. 아마, 그래서 그를 좋아하나 봅니다. 그라는 거울을 보며,

나를 채우는 기쁨을 느끼기 때문입니다.

 이처럼 내가 만나고 싶은 롤모델을 떠올려보길 바랍니다. 그리고 그 혹은 그녀를 본받고 싶은 이유도 찬찬히 살펴봅시다. 누군가는 본받고 싶다는 생각만으로도 이런 생각을 할 수 있을 겁니다. "만나면 무슨 말부터 해야 할까?" 그러나 무엇을 물어볼지 골똘히 고민하는 과정에서, 우리는 역으로 나 자신을 좀 더 알게 될 것입니다. 어찌 보면, 롤모델에게 간절하게 묻고 싶은 질문이 곧 나 자신에게 묻고 싶은 질문일 수도 있습니다.

Q 당신이 지금 가장 만나고 싶은 롤모델은 누구인가요?

| 더 깊은 질문 |　◆그 사람에게 가장 먼저 하고 싶은 질문은 무엇인가요?

4차 산업혁명의 시대, 자기를 혁신하는 방법
조용민

세바시 인생질문

24

가까운 미래에 다른 사람들이
당신을 소개하거나 표현할 때,
어떤 말을 듣고 싶나요?

*

　인간은 집단생활을 하는 사회적 동물입니다. 그렇기에 인간은 때때로 양가감정을 느낍니다. 인간이 사회적으로 평생 맞춰야 할 균형은 타인의 시선을 신경 쓰면서도 타인과 상생하는 삶을 추구하는 것이기 때문입니다.

　인간은 타인의 사랑, 인정, 칭찬, 온기 등을 갈망합니다. 그러나 때로는 지나친 갈망으로 인해, 정작 가장 소중한 자아를 상실하기도 합니다. 그래서 이럴 땐, 생존을 위해서라도 혼자만의 시간과 공간을 찾아야만 합니다. 오롯이 혼자서만 살아가는 게 어렵다는 걸 알고 있음에도 말입니다.

　그렇기에 우리는 타인이라는 삶의 조건을 존중하면서도 나 자신으로서 살기 위해 부단히 애써야 합니다. 적절한 균형점을 찾으면서 말이죠. 가령 거울 속에 비친 내 모습만 바라본다면, 나는 오직 편협해진 자신만을 바라보게 될 것입니다. 그러나 이는 그리 지혜롭지 못합니다. 인간은 타인의 눈동자에 비친 내 모습도 바라보며, 상호 간의 마주침 즉 소통을 시작하기 때문입니다.

　타인의 눈동자에 비친 내 모습을 외면하기보다는, 그 앞에서 당당히 진실한 '나'를 표현해 보길 바랍니다. 인간은 보는 것을 믿습니다. 그러기에 우리는 '나'란 어떤 존재인지를 고민해 봐야 합니다.

나만의 가치와 기준을 가지고 산다는 건 생각보다 쉽지 않습니다. 그럼에도 우리는 '나 자신'을 추구해야 합니다. 내실을 다지면서도 타인에게 받아들여질 나의 모습을 고민하다 보면, 어느새 나는 내가 추구하는 모습으로 기억될 것입니다. 그리고 그 모습을 글로 표현하다 보면, 우리는 이미 그러한 존재로 받아들여질 것입니다.

Q 가까운 미래에 다른 사람들이 당신을 소개하거나 표현할 때, 어떤 말을 듣고 싶나요?

| 더 깊은 질문 | ◆사람들이 당신을 그렇게 표현하려면, 당신은 지금 무엇에 집중해야 하나요?

뭘 해도 행복한 사람과 불만인 사람의 말버릇
박재연

세바시 인생질문

25

올해 안에 꼭 이루고 싶은
목표가 있다면 무엇인가요?

*

　이 질문을 맞이한 시점은 저마다 다를 것입니다. 연초는 한 해에 이루고 싶은 목표를 가늠해보기 좋은 때입니다. 그러나 이미 한 해의 중간이나 연말에 이르렀다 할지라도, 이 질문은 여전히 유의미합니다. 한 해 동안 이루고자 했던 목표를 얼마나 이루었는지, 나아가 남은 기간에라도 무엇을 해보면 좋을지 떠올려볼 수 있기 때문이죠.

　한 해의 목표란 그리 거창할 필요가 없습니다. 거창할지라도 다 실행하지 못하는 경우가 부지기수입니다. 현대인은 해야 할 일이 참 많습니다. 직장에서 처리해야 할 일도 한가득한데, 집에서도 할 일들이 쌓여있기 때문이죠. 그러니 목표를 세울 때는 소소하게 시작해보는 것이 좋습니다. 예를 들어, 이 책을 한번 가득 채워보겠다는 목표를 갖는 것도 소소한 목표가 될 수 있겠죠. 한 주에 하나씩 자신의 생각을 쓰면, 책 한 권 정도는 충분히 채울 수 있을 테니 말이에요.

　한 해가 얼마 남지 않았다고 할지라도, 여전히 할 수 있는 일들은 많습니다. 설령 올해가 단 '하루' 남았다 할지라도, 당신은 그 무엇이든 할 수 있습니다. 사랑하는 사람에게 편지를 쓴다면, 이 또한 꽤 근사한 목표가 될 것입니다. 그러니, 더 늦기 전에 한번 도전해 보는 건 어떨까요? 분명, 둘의 사랑이 더 깊어지리라 믿습니다.

목표 달성을 위해 실천력을 기르는 것은 삶에서 매우 중요합니다. 자신과의 약속을 지켰다는 뿌듯함 그리고 작은 일들을 수행하며 얻은 성취감은 추후 큰일을 도모할 때 긍정적인 영향을 가질 것입니다. 달성할 수 있는 목표들을 세우고 그 목표를 위해 어떤 노력을 하고 있는지, 또 할 수 있는지를 고민해봅시다. 그럼, 은근히 올해 안에 할 수 있는 일들이 제법 많아질 것입니다.

Q 올해 안에 꼭 이루고 싶은 목표가 있다면 무엇인가요?

| 더 깊은 질문 | ◆ 목표를 달성하기 위해 당신은 어떤 노력을 실천하고 있나요?

 '언젠가'라는 말은 없습니다 지금 당장 실행 하십시오
오현호

세바시 인생질문

26

당신만의 인생 여행을 떠난다면,
어디로 가고 싶나요?

*

　누구나 마음속의 여행지 하나쯤은 품고 있기 마련입니다. 저는 오래전부터 뉴칼레도니아를 여행하고 싶었습니다. 언젠가 그곳으로 떠나 종일 칵테일을 마시며, 경비행기를 타고 섬들 위를 날아보기도 하고, 바다거북과 헤엄치는 상상을 해보곤 합니다.

　당신에게도 여행의 꿈이 있을 겁니다. 유럽의 작은 마을들을 오랫동안 거닐거나, 미국의 골짜기를 등반하거나, 몽골에 가서 은하수를 보거나, 노르웨이에서 오로라를 보는 것같이 저마다 자신만의 인생 여행을 꿈꾸겠죠.

　그러나 하나 생각해 볼 건 그 여행을 통해 내가 얻고자 하는 게 무엇인지입니다. 단순히 아름다운 광경을 보고 감탄하길 바라는지. 함께 가고 싶은 사랑하는 사람은 있는지. 내가 바라는 게 여행을 통한 해방감인지를 곰곰이 생각해 보는 것처럼 말이죠. 그래서 여행을 구체적으로 상상하고 그 이유를 고민해 보면, 우리는 우리가 무엇을 원하는지 명료하게 알 수 있습니다.

　흥미로운 건 이 과정에서 간접적으로나마 이미 여행을 다녀왔다는 느낌이 들 수 있다는 것입니다. 어디 그뿐일까요? 내가 상상하는 여행의 매력을 가까운 곳에서도 느낄 수 있습니다. 어떻게 보면, 뉴칼레도니아에서 경험할 수 있는 걸 제주도에서도 경험할 수 있습니다. 사실 제주도까지 가지 않아도 됩니다. 집 근처 공원을 달리거나 좋아하는 책을 읽으며 여유나 자유를 느끼는 것만으로도 여행이 주는 행복을 누릴 수 있습니다. 즉, 천국은 멀리 있는 것 같지만 지금 내가 있는 곳이 천국이 될 수도 있습니다.

정말로 떠나고 싶은 여행을 상상해보고 그곳으로 떠나고 싶은 이유도 차근차근 적어봅시다. 사진만 남겨 돌아오는 여행이 아닌, 정말 값진 경험을 남길 수 있는 여행을 상상해보면 좋겠습니다. 그런 내 안의 소망과 꿈은 의외로 나에 대해 많은 걸 알려줄 것입니다.

Q 당신만의 인생 여행을 떠난다면, 어디로 가고 싶나요?

| 더 깊은 질문 |　◆그 여행을 통해 얻고 싶은 것은 무엇인가요?

| 더 깊은 질문 | ◆그 여행을 통해 가장 멋진 추억으로 남길 사진 한 장을 상상하여 묘사해 주세요.

 산티아고 순례길 1,450km를 혼자 걷게 되면 깨닫게 되는 것
심혜진

세바시 인생질문

27

당신의 인생 후반에는
어떤 일을 하고 싶은가요?

*

흔히 요즘은 100세 시대라고들 하는데, 대부분의 사람들은 60대 쯤에 이르러서 은퇴를 합니다. 물론 그 이후에도 여러 일들을 할 수는 있지만, 대개는 먹고사는 문제로 일을 하는 경우가 많죠.

나름대로 연금이나 금융 투자를 통해 노후 생활을 대비했다 할지라도, 이는 소소한 생활비 문제를 해결할 뿐 삶 자체의 의미를 해결하는 건 아닙니다. 우리는 인생의 후반이라 불리는 시기에도, 여전히 인생의 절반을 살아내야 합니다. 마치 청년 시절 취업하기 위해 어릴 적부터 오랫동안 인생을 준비해 왔듯, 인생 후반을 살아가는 데에도 많은 준비가 필요합니다.

더 이상 일하지 않아도 좋다며 노는 것에 만족할 수도 있겠지만, 때로는 노는 일에 권태를 느낄 수도 있습니다. 인간은 삶의 의미를 찾고, 스스로 가치 있는 존재라는 걸 끊임없이 증명하고 싶어 하기 때문입니다. 그리고 그 이유로, 나이가 들어서도 내가 오늘 하루를 어떤 존재로 살았는지를 묻는 건 인간의 본능입니다.

인생의 후반을 어떻게 살 것인지는 각자에게 달려 있습니다. 누군가는 평생 일하고 아이를 돌보느라 미뤄두었던 고전 문학을

탐독할 수도 있습니다. 누군가는 평생의 숙원이었던 책 집필을 시작해 보거나 밭을 가꾸는 일을 해볼 수도 있고요. 무엇이 되었든, 우리는 어떻게 남은 삶을 가치 있게 살지를 고민해 볼 필요가 있습니다.

가령, 저는 나이가 들어서 이 세상을 위해 무엇을 할 수 있을지 생각해 보곤 합니다. 그럴 때면, 아이들을 환대할 수 있는 공간을 떠올립니다. 나무를 깎는 노인이 되어 아이들이 실컷 놀 수 있는 놀이기구와 장난감이 많은, 그런 열린 공간을 운영해 보면 어떨까 상상해봅니다.

상상만 해도 행복한 노년이 될 것 같습니다. 그러려면 지금부터 준비해야 할 게 참 많은데 말이죠. 그래서 더 알고 싶습니다. 당신은 인생의 후반기를 어떻게 보내고 싶은지.

Q. 당신의 인생 후반에는 어떤 일을 하고 싶은가요?

| 더 깊은 질문 | ◆ 인생 후반에 하고 싶은 일을 시작하기 위해, 지금 준비하거나 계획하고 있는 것은 무엇인가요?

이것을 찾는 게 진짜 노후 대비입니다
김민식

세바시 인생질문

28

당신은 유언장에
어떤 말을 남기고 싶나요?

*

 가장 피하고 싶지만, 결코 피할 수 없는 것이 죽음입니다. 죽음은 우리가 결정하기 어렵습니다. 매일같이 발생하는 사건, 사고로부터 과연 나는 자유롭다고 할 수 있을까요? 글쎄요. 삶에 어떤 불운이 닥칠지는 아무도 모릅니다.

 그렇다고 해서 너무 우울하게 하루하루를 살 필요는 없습니다. 그러나 한 번쯤은 언제 올지 모를 죽음에 대해 생각해 볼 필요가 있습니다. 죽음이 다가온다면, 나는 여한 없는 삶을 살아냈다고 자부할 수 있는지 생각해 보길 바랍니다. 그리고 죽음을 맞이할 때, 무엇을 가장 후회할 것 같은지도 생각해 봅시다. 인간은 후회하지 않는 것만으로도 의미 있는 삶을 살았다고 고백할 수 있기 때문입니다.

 지금까지의 삶을 돌아보며, 죽기 전에 가장 기억에 남을 소중한 순간이 무엇인지도 떠올려보길 바랍니다. 가족과 여행을 떠났던 순간이 떠오른다면, 그런 순간을 한 번 더 만들기 위해 애써볼 수 있겠습니다. 그리고 처음 스키나 바이올린을 배웠던 순간이 떠오른다면, 다시 설산을 방문하거나 먼지 쌓인 바이올린을 꺼내 보는 것도 좋겠죠. 아니면 다시금 그때의 환희를 기억하며 새로운 운

동이나 악기를 배워볼 수도 있고요.

아울러 유언장에 무슨 말을 남기고 싶은지도 생각해 보길 바랍니다. 그 속에는 반드시 내가 가장 소중하게 여기는 사람들의 이름 그리고 삶의 가치가 담겨 있기 마련입니다. 죽음은 곧 삶의 본질을 다루기 때문입니다.

나는 누구와 함께 마지막을 보내고 싶은지, 무슨 말을 남기고 싶은지 써보길 바랍니다. 그리고 눈을 감기 전, 주마등처럼 스쳐 지나갈 장면들은 무엇이 될지도 생각해 봅시다. 혹여 마음에 걸리는 장면이 있다면, 더 늦기 전에 용기를 내길 바랍니다. 후회 없는 당신의 값진 인생을 위해.

Q 당신의 유언장에 어떤 말을 남기고 싶나요?

| 더 깊은 질문 |　◆당신이 바라는 임종 직전의 모습을 묘사해 보세요

| 더 깊은 질문 | ◆ 당신이 죽기 직전에 가장 행복했던 순간을 회고한다면,
그건 언제였을까요?

 나는 매주 시체를 보러간다
유성호

세바시 인생질문

29

당신이 정의하는 행복은
무엇인가요?

*

사람마다 행복의 정의는 다릅니다. 특히, 각자의 성향에 따라 행복의 모습은 달라집니다. 그러나 살아가면서 우리에게 의무가 하나 있다면, 그것은 자기만의 행복을 아는 것입니다. 행복을 모르는 사람은 곁에 있는 사람도 불행하게 만듭니다. 스스로 무엇이 행복인지 모르기에, 남을 탓하거나 괴롭힐 수 있기 때문입니다.

행복은 어찌 보면 습관입니다. 당장 오늘 행복을 느끼지 못하면, 먼 미래에도 행복을 느낄 가능성은 작습니다. 성과만을 향해 달려가기 바쁜 현대사회에서는 행복도 하나의 용기라 볼 수 있습니다. 그렇기에 나의 행복을 알고 그 행복을 위해 노력하지 않으면, 행복은 마치 하나의 숙제처럼 남겨질 것입니다.

변호사를 준비했던 수험생 시절, 행복에 대해 참 많이 고민했던 기억이 납니다. 시험에 합격하기 위해서는 매일의 행복을 미루며 억척스럽게 공부해야 했기 때문이죠. 그러나 그 시절 저에게는 사랑스러운 새 생명이 찾아왔고, 아내랑 아이와 함께 보내는 소중한 순간을 포기할 수는 없었습니다.

다시 오지 않을 그 시절의 행복을 누리기 위해 참으로 많이 애썼던 기억이 납니다. 어떻게든 시간을 내어 주말에 바다를 보러 갔고, 모래사장에 앉아 아이랑 놀아주며 공부했던 기억도 납니다. 돌이켜 보니, 그렇게 내가 믿는 행복을 포기하지 않은 게 참으로 잘한 일이었던 것 같습니다.

분명, 당신에게도 그런 행복이 있을 거라고 믿습니다. 권리보다 높은 것이 의무입니다. 그런데 행복이 권리를 넘어 의무라면, 우리는 이유를 막론하고 행복이라는 감정을 온전히 만끽해야 하지 않을까요?

Q 당신이 정의하는 행복은 무엇인가요?

| 더 깊은 질문 |　　◆당신은 그 행복을 얻기 위해 어떤 노력을 하고 있나요?

행복하게 나이드는 마법의 네 가지 기둥
정희원

> 세바시 인생질문

30

당신이 「세상을 바꾸는 시간 15분(세바시)」의
강연자가 된다면,
세상에 전하고 싶은 메시지는 무엇인가요?

*

　세상을 조금 더 아름답게, 그리고 더 좋은 방향으로 이끌고자 하는 게 「세상을 바꾸는 시간 15분(세바시)」입니다.

　아마 이 책을 읽고 있는 분이라면, 한 번쯤은 세바시 강연 영상을 시청한 적이 있을 겁니다. 흔히들 강연은 전문가의 영역이라고 하지만, 우리 모두에게는 자신만의 가치 있는 이야기가 있기 마련입니다. 각자의 삶 속에서 경험한 여러 시련과 고통, 그리고 그것을 극복한 이야기 등이 여기에 해당하겠죠.

　이 세상을 향해 자신의 이야기를 전할 수 있는 15분이 주어진다면, 당신은 어떤 이야기를 하고 싶나요? 고민이 된다면 이 말씀을 드리고 싶습니다. 중요한 메시지는 항상 구체적인 이야기 속에서 빛을 발합니다. 누구나 "사랑이 중요하다."라는 메시지를 전할 수는 있습니다. 그러나 그 메시지를 생생하게 전하며 공감을 얻기 위해서는 당신만의 구체적인 이야기가 필요합니다.

　영상이든, 글이든, 세상을 향해 이야기한다는 건 '구체적인 이야기'를 통해 내 마음과 목소리를 전하는 것입니다. 세상에 존재하는 모든 이야기는 누군가의 서사로 시작합니다. 그리고 그 서사는 사람들 사이로 퍼져나가죠.

　당신만의 경험과 의미 있는 이야기를 하나의 메시지로 풀어내 보길 바랍니다. 그리고 분명, 언젠가는 그 이야기를 더 넓은 세상에 전할 날이 올지도 모릅니다.

Q 당신이 「세상을 바꾸는 시간 15분(세바시)」의 강연자가 된다면, 세상에 전하고 싶은 메시지는 무엇인가요?

| 더 깊은 질문 | ◆그 메시지를 전달하기 위해, 강연에 담을 당신만의
경험은 무엇인가요?

 수많은 죽음을 목격하면서 깨닫게 된 행복의 비밀
안효정

Chapter 4.

당신은
사랑할 수밖에
없는 사람입니다.

세바시 인생질문

최종 질문

—

당신은 왜,
당신 자신을 사랑하고 있나요?

*

지금까지 긴 여정을 걸어왔습니다. 그동안 나에게 던진 질문들을 통해 당신은 자신이라는 사람, 존재, 성향, 꿈, 행복 등을 차근차근 알아 왔을 것입니다. 때로는 실패의 기억들을 떠올리며 내가 미워졌을 수도 있고, 바꾸고 싶은 내 안의 성격을 마주했을지도 모릅니다. 그러나 삶의 최종 목표가 있다면, 그것은 나 자신을 충분히 사랑하는 것이 아닐까 싶습니다.

내가 왜, 나를 사랑하는지를 생각해 보길 바랍니다. 나를 차마 사랑할 용기가 나지 않는다면, 작은 것이라도 괜찮으니 조금이라도 사랑할 만한 점은 없는지 떠올려보길 바랍니다. 나는 누군가에게 좋은 사람이었을 수 있습니다. 절망 가운데에서도 일어서기 위해 의지의 꽃을 피워낸 적도 있을 거고요. 그리고 선함을 위해, 가치 있다고 믿는 것을 진심으로 응원했을 수도 있습니다.

내 안에는, 내가 사랑받을 만한 사람이라는 기억의 조각들이 있습니다. 그 기억들을 찾아 나를 사랑할 이유를 적어보세요. 이유라고 해서 거창할 필요가 없습니다. 아이와 동물을 사랑하는 마음을 간직한 것. 좋은 책을 읽고 그 책을 누군가에게 선물해 주고 싶은 마음을 가져본 것. 힘들고 귀찮아도 끝까지 최선을 다했던 것들처럼 사소한 일들 속에서 나에 대한 사랑의 조각들을 맞춰봅시다.

나를 사랑하는 이유를 다른 사람들에겐 꼭꼭 숨겨도 괜찮습니다. 그러나 나를 사랑하는 순간만큼은 자신에게 솔직해지며, 나만을 아껴줍시다. 그렇게 나를 사랑하는 이유를 한 페이지에 꼬박 적어낼 수 있다면, 우리가 함께 시작한 여정은 여기서 막을 내려도 좋습니다.

당신을 향한 사랑을 한 손에 움켜쥐고선, 예쁘게 고이 접어 마음 주머니에 넣어보길 바랍니다. 사랑의 마음으로 행복한 삶을 살길 바랍니다. 그리고 그렇게, 당신은 당신을 사랑하고 있습니다.

Q 최종 질문:
당신은 왜, 당신 자신을 사랑하고 있나요?

나를 사랑하는 힘을 갖는 방법
곽정은

이 책을 함께 만든 사람들

기획. 구범준
세바시를 만든 연출자입니다. 세바시 10주년 때 '강연은 답이 아니라 질문이다'는 생각의 전환을 통해 세바시 인생질문 시리즈를 최초로 기획하고 제작했습니다. 다시 4년 뒤 그 네 번째 책을 기획해 내놓습니다. 중년을 훌쩍 넘긴 나이에도 아직 스스로 답하지 못했던 질문들을 책에 담았다며, 자신도 열심히 써보겠다는 다짐을 합니다.

원고. 정지우
쓰는 사람들이 사랑하는 작가이자 변호사입니다. 고려대학교 및 같은 대학원에서 문학과 철학을 공부했습니다. 24살 출간한 <청춘인문학>을 시작으로, <분노사회>, <인스타그램에는 절망이 없다>, <우리는 글쓰기를 너무 심각하게 생각하지>, <그럼에도 육아>, <돈 말고 무엇을 갖고 있는가> 등 여러 권의 책을 꾸준히 써오고 있습니다. 세바시와는 두 번의 인연을 맺으며 청년 세대의 사랑과 결혼, 육아에 관한 이야기를 전해왔습니다.

편집. 임라원
세계, 세상, 사람을 사랑하여 국제관계, 세계사, 인문 사회가 스며든 글을 씁니다. 저서로는 <바칼로레아 세계사>, <당신의 역사가 역사를 만날 때>, <교과서의 쓸모>가 있으며, 글을 통해 사람들에게 "할 수 있고 모든 것은 가능하다"는 메시지를 선사하고자 노력합니다.

표지 일러스트레이션. 기마늘

일러스트레이터 기마늘은 미니멀리즘을 기반으로 활발히 활동하고 있는 프리랜서 일러스트레이터입니다. 도서 표지, 잡지 일러스트레이션은 물론 영화 포스터, 그리고 앨범 커버까지 여러 다양한 브랜드와 협업하고 있습니다. 그가 그의 작품으로 전달하고자 하는 것은 인간의 나약한 감정을 자신만의 방식으로 표현하여 여백과 단순함으로 바쁘고 쉴 틈 없는 현대인들을 위로하기 위함입니다.

제작. 세바시 인생질문 출판 프로젝트팀

김민주(팀장)

행복한 세상을 꿈꾸며 10년째 세상을 바꾸는 일에 기여하고 있습니다. 국회의원 비서로 뛰어다녔던 과거를 지나, 지금은 세상을바꾸는시간15분에서 7년째 사람들의 이야기를 들으며 그들의 목소리를 널리 퍼뜨리는 일을 하고 있습니다. 최근 육아와 일을 병행하며 문득 이런 생각이 들었습니다, '우리 이야기도 중요하지만, 나는 누구인가?' 나를 제대로 알아야 남을 이해하고, 결국 우리 모두를 이해할 수 있지 않을까? 그래서 요즘은 <세바시 인생질문> 책의 힘을 빌려 나를 찾는 시간도 가져 보려고 합니다.

김지은(PM)

프랑스 파리에서 마케팅을 전공했고, 국제기구와 비영리 단체, 언론사 등에서 경력을 쌓아왔습니다. 현재는 사업기획자, 평화 칼럼니스트 등으로 다양하게 활동하고 있으며, 세바시 인생질문 책 리뉴얼을 담당하고 있습니다. 개인의 고유한 가치를 발견하고 이를 통해 사회에 긍정적인 변화를 불러일으킬 가능성을 연결하는 데에 가치를 둡니다.

김수현

심리학을 전공하며 개인의 마음과 생각, 그리고 그들의 성장을 깊이 있게 연구해 온 심리학도입니다. 사람들의 내면에 귀 기울이며 성장의 동력을 찾는 데 관심이 많아, 다양한 심리학적 접근을 통해 사람들의 변화와 성장을 돕고 있습니다. 현재는 5년 차 그로스 마케터로 활동 중이며, 마케팅의 전략과 분석을 심리학적 통찰과 결합하여 브랜드의 더 나은 성장을 이끌어내기 위해 노력하고 있습니다.

이인

출판프로젝트팀의 막내로 콘텐츠 매니징, 사업 기획, 마케팅을 아우르는 멀티플레이어입니다. 세바시에서 사람들에게 위로를 전하고 긍정적인 에너지를 전달할 수 있는 것을 일의 동기와 목표로 삼고 함께 세상을 바꾸어 나가고 있습니다. 사람이 사람에게 힘이 되고 에너지가 되는 세상이 되도록 기여하고자 합니다.

김수영

문학을 공부하며 사람을 만났고, 라디오 피디로 일하며 세상을 만났습니다. 지금은 세바시 인생질문 채널을 담당하며 삶의 여러 질문을 만나고 그 답을 찾아가고 있습니다. 지치고 외로울 때, 옆에서 같이 걸어 나갈 수 있는 콘텐츠를 만들고 싶습니다.

♦ 더 많은 세바시의 영상은 아래 QR코드로 보실 수 있습니다

세바시 채널 세바시 인생질문